Questo libro è per la maestra

. . . .

i nostri ricordi sono tesori preziosi

Cara maestra
con il tuo sorriso luminoso,
hai reso ogni nostro giorno gioioso.
Con te abbiamo imparato e
siamo cresciuti ogni giorno,
tu sei come un raggio
di sole nel nostro mondo
Ci hai ascoltato con pazienza e amore,
e ci hai guidato con dolcezza e passione.
Grazie, maestra, perché sei così speciale,
per noi sei un tesoro,
con il tuo sorriso
spettacolare!

Le nostre foto sono come piccoli tesori

Nei nostri disegni ci sono i colori che raccontano il tuo sorriso

I nostri disegni sono come abbracci di carta

I nostri messaggi sono come piccole
note d'amore scritte con le matite

I nostri messaggi sono abbracci virtuali,
per farti sentire quanto sei importante per noi.

La nostra maestra è come
una stella che brilla,
e con la sua luce,
ogni giorno ci consiglia.
Ci ha insegnato a leggere,
a scrivere, a sognare,
con lei ogni lezione
è stata un' emozione da ricordare.
E'come una farfalla
che vola nel cielo blu,
sei la nostra maestra,
e per noi il meglio sei tu.

Le nostre foto sono come piccoli tesori

Nei nostri disegni ci sono i colori che raccontano il tuo sorriso

I nostri disegni sono come abbracci di carta

I nostri messaggi sono abbracci virtuali,
per farti sentire quanto sei importante per noi.

I nostri messaggi sono come piccole note d'amore scritte con le matite.

Ogni giorno in classe
con la nostra maestra gioiosa,
abbiamo imparato cose nuove
con una mente curiosa.
Come un fiore nel giardino,
sei così colorata,
ci sproni ad apprendere
con gioia innamorata!
Grazie per i tuoi insegnamenti,
per ogni tua parola,
per ogni tuo sorriso
e per ogni tua azione buona.
Sei così luminosa e
profumata,
sei la nostra maestra
tanto amata .

Le nostre foto sono come piccoli tesori

Nei nostri disegni ci sono i colori
che raccontano il tuo sorriso

I nostri disegni sono come abbracci di carta

I nostri messaggi sono come piccole note d'amore scritte con le matite.

I nostri messaggi sono abbracci virtuali,
per farti sentire quanto sei importante per noi.

La nostra maestra è come
un libro aperto davanti a noi,
con pagine piene di conoscenza,
ed è infinita la nostra riconoscenza.
Ci ha raccontato storie e
ci ha insegnato tante cose belle,
ogni giornata con lei è stata
come un cielo pieno di stelle
E' come un magico libro
e ci ha insegnato a volare
La nostra maestra,
è il nostro tesoro
speciale!

Le nostre foto sono come piccoli tesori

I nostri disegni sono come abbracci di carta

Nei nostri disegni ci sono i
colori che raccontano il tuo sorriso

I nostri messaggi sono abbracci virtuali,
per farti sentire quanto sei importante per noi.

I nostri messaggi sono come piccole note d'amore scritte con le matite.

Nella classe illuminata dal sole,

la nostra maestra ci ha accolto

con un sorriso che parla d'amore.

Ci ha insegnato i numeri,

le lettere e la poesia,

con lei abbiamo imparato ogni giorno

una nuova melodia.

La nostra maestra ha illuminato

la nostra mente e il nostro cuore,

Con lei, siamo cresciuti

sempre con amore.

1 2 3 4

Le nostre foto sono come piccoli tesori

I nostri disegni sono come abbracci di carta

Nei nostri disegni ci sono i colori che raccontano il tuo sorriso

I nostri messaggi sono abbracci virtuali, per farti sentire quanto sei importante per noi."

I nostri messaggi sono come piccole
note d'amore scritte con le matite.

La nostra maestra è come
un angelo che vola alto,
e con le sue ali di sapienza,
ci ha avvolto con un abbraccio caldo .
Ci ha protetto e ci ha guidato
nel cammino dell'apprendimento,
con lei ogni giorno è stato un regalo,
un momento di vero incanto.

La ringraziamo per
la sua gentilezza e la sua premura,
è come un angelo custode
che ha vegliato sulla nostra avventura.
La nostra maestra ci ha spinto a sognare,
con lei ogni giorno è stato
un giorno da amare

Le nostre foto sono come piccoli tesori

Nei nostri disegni ci sono i colori che raccontano il tuo sorriso

I nostri disegni sono come abbracci di carta

I nostri messaggi sono abbracci virtuali, per farti sentire quanto sei importante per noi."

I nostri messaggi sono come piccole note d'amore scritte con le matite.

La nostra maestra è come
un arcobaleno nel cielo,
che con i suoi colori vivaci,
ci ha riempito di meraviglia e di zelo.
Ci ha aiutato a scoprire il mondo,
e ad esplorare nuovi fantastici mondi,
ci siamo trasformati in eroi, draghi,
re e principesse dai capelli biondi.
La nostra maestra ci ha reso la vita
più bella e colorata,
con lei, ogni giorno è stata una poesia,
una bella storia raccontata.

Le nostre foto sono come piccoli tesori

Nei nostri disegni ci sono i colori che raccontano il tuo sorriso

I nostri disegni sono come abbracci di carta

I nostri messaggi sono come piccole note d'amore scritte con le matite.

I nostri messaggi sono abbracci virtuali, per farti sentire quanto sei importante per noi."

La nostra maestra ci ha illuminato
il cammino con la sua sapienza,
con lei ogni giorno
è stata una vera esperienza.
Grazie alla sua costante
dedizione e presenza
è stata come un faro che
ci ha portato verso la conoscenza.
La maestra ci ha insegnato a navigare
tra le onde della vita,
Con lei, ogni giorno
è una nuova avventura
infinita......

Le nostre foto sono come piccoli tesori

I nostri disegni sono come abbracci di carta

Nei nostri disegni ci sono i colori che raccontano il tuo sorriso

"I nostri messaggi sono abbracci virtuali, per farti sentire quanto sei importante per noi."

I nostri messaggi sono come piccole note d'amore scritte con le matite.

La maestra è come una fiaba incantata,

Con la sua voce dolce,

ogni dì è diventato una bella giornata.

Ci ha trasportato in mondi lontani e sconosciuti,

con lei è sempre stata un'avventura senza limiti.

Con le sue storie e i suoi insegnamenti,

è stata come una fata che

ci ha donato mille sentimenti.

La nostra maestra ci ha insegnato

a sognare e a sperare,

con lei ogni giorno

è stata una favola

da narrare.

Le nostre foto sono come piccoli tesori

I nostri disegni sono come abbracci di carta

Nei nostri disegni ci sono i colori che raccontano il tuo sorriso

I nostri messaggi sono come piccole note d'amore scritte con le matite.

I nostri messaggi sono abbracci virtuali, per farti sentire quanto sei importante per noi."

La maestra è come una melodia
dolce e leggera,
con la sua gentilezza,
ogni lezione è come primavera.
Ci ha insegnato a suonare la musica della vita,
con lei ogni giorno è una sinfonia infinita.
Con la sua passione e il suo impegno,
è stata una nota che ha reso
il nostro cuore di amore colmo.
La maestra ci ha insegnato
nella pioggia a danzare
come le farfalle che tra i fiori colorati
iniziano a volteggiare.

Le nostre foto sono come piccoli tesori

Nei nostri disegni ci sono i colori che raccontano il tuo sorriso

I nostri disegni sono come abbracci di carta

I nostri messaggi sono come piccole note d'amore scritte con le matite.

"I nostri messaggi sono abbracci virtuali, per farti sentire quanto sei importante per noi."

Come un giardiniere che
coltiva le sue piante con cura,
Ha nutrito le nostre menti
con sapienza pura.

Dai germogli delicati
fiori sbocciati siamo diventati,
grazie alla nostra maestra,
per tutti gli insegnamenti dati.

Siamo pronti a affrontare il mondo con fierezza,
perché ci ha insegnato il valore della gentilezza.

Cresciuti grazie a lei,
con radici forti e rami alti,
Siamo pronti a sfidare il destino,
a temere sbagli.

Le nostre foto sono come piccoli tesori

Nei nostri disegni ci sono i
colori che raccontano il tuo sorriso

I nostri disegni sono come abbracci di carta

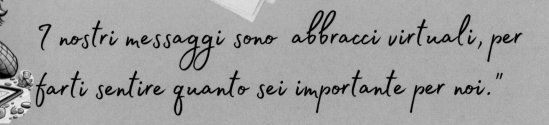

I nostri messaggi sono abbracci virtuali, per farti sentire quanto sei importante per noi."

I nostri messaggi sono come piccole note d'amore scritte con le matite.

Siamo gli alunni che
hai guidato con amore,
attraverso le tue lezioni,
siamo cresciuti con onore.
Dalle prime lettere
alle complesse equazioni,
grazie a te, lo studio
è diventato fonte di ispirazione.
Con pazienza e dedizione,
ci hai insegnato a sognare,
e con il tuo sostegno,
ci hai aiutato a volare.
Ora guardiamo al futuro
con fiducia e speranza,
Grazie, maestra, per averci aperto
la porta alla conoscenza.

 Le nostre foto sono come piccoli tesori

Nei nostri disegni ci sono i colori che raccontano il tuo sorriso

I nostri disegni sono come abbracci di carta

I nostri messaggi sono come piccole note d'amore scritte con le matite.

I nostri messaggi sono abbracci virtuali, per farti sentire quanto sei importante per noi."

Il tempo vola via, come foglie nell'aria,

ma il nostro legame con la nostra maestra,

non svanirà mai.

Con lacrime agli occhi e sorrisi nel cuore,

ci diciamo addio, ma non dimenticheremo

mai il tuo valore.

Hai seminato semi di conoscenza e amore,

e ora, nel nostro viaggio,

porteremo con noi il tuo valore.

Con gratitudine e affetto,

ti salutiamo

ma rimarrai per sempre nel nostro ricordo,

e non immagini quanto bene ti vogliamo.

Le nostre foto sono come piccoli tesori

Nei nostri disegni ci sono i colori che raccontano il tuo sorriso

I nostri disegni sono come abbracci di carta

I nostri messaggi sono come piccole note d'amore scritte con le matite.

I nostri messaggi sono abbracci virtuali,
per farti sentire quanto sei importante per noi.

Con lo zaino sulle spalle
e il cuore pieno di emozioni,
percorreremo con coraggio i sentieri
delle nostre passioni.
Attraverso queste foto, poesie,
disegni e messaggini
abbiamo voluto raccontare,
il nostro legame con te
che ci hai saputo amare.
Che questi ricordi,
come pagine d'oro nel tempo,
siano un tributo

alla tua dedizione e al tuo amore
per i momenti condivisi e per i sogni
che ci hai aiutato a coltivare.
Grazie per le lezioni di vita,
per l'affetto e per la cura,
sei stata la nostra guida,
la nostra luce più pura.
Oggi, con questo libro,
vogliamo dirti grazie di cuore,
per averci illuminato
il cammino con amore.

Resterai sempre nei nostri cuori:

....

....

....

....

....

....

....

....

....

....

....

Ciao Maestra grazie di tutto

Printed in France by Amazon
Brétigny-sur-Orge, FR

20147762R00047